Date: 4/21/17

SP J 577.54 ROU
Roumanis, Alexis,
Los desiertos /

LOS DESIERTOS

Alexis Roumanis

www.av2books.com

SPANISH & ENGLISH eBOOKS
AV² BY WEIGL™
ADDED VALUE · AUDIO VISUAL

El enriquecido libro electrónico AV² te ofrece una experiencia bilingüe completa entre el inglés y el español para aprender el vocabulario de los dos idiomas.

This AV² media enhanced book gives you a fully bilingual experience between English and Spanish to learn the vocabulary of both languages.

Visita nuestro sitio **www.av2books.com** e ingresa el código único del libro.
Go to www.av2books.com, and enter this book's unique code.

CÓDIGO DEL LIBRO
BOOK CODE

P 4 3 8 7 5 8

AV² de Weigl te ofrece enriquecidos libros electrónicos que favorecen el aprendizaje activo.
AV² by Weigl brings you media enhanced books that support active learning.

Spanish

English

Navegación bilingüe AV²
AV² Bilingual Navigation

CHANGE LANGUAGE
ENGLISH SPANISH
OPCIÓN DE IDIOMA
LANGUAGE TOGGLE

CAMBIAR LA PÁGINA
PAGE TURNING

BACK NEXT

X CERRAR
CLOSE

INICIO
HOME

VISTA PRELIMINAR
PAGE PREVIEW

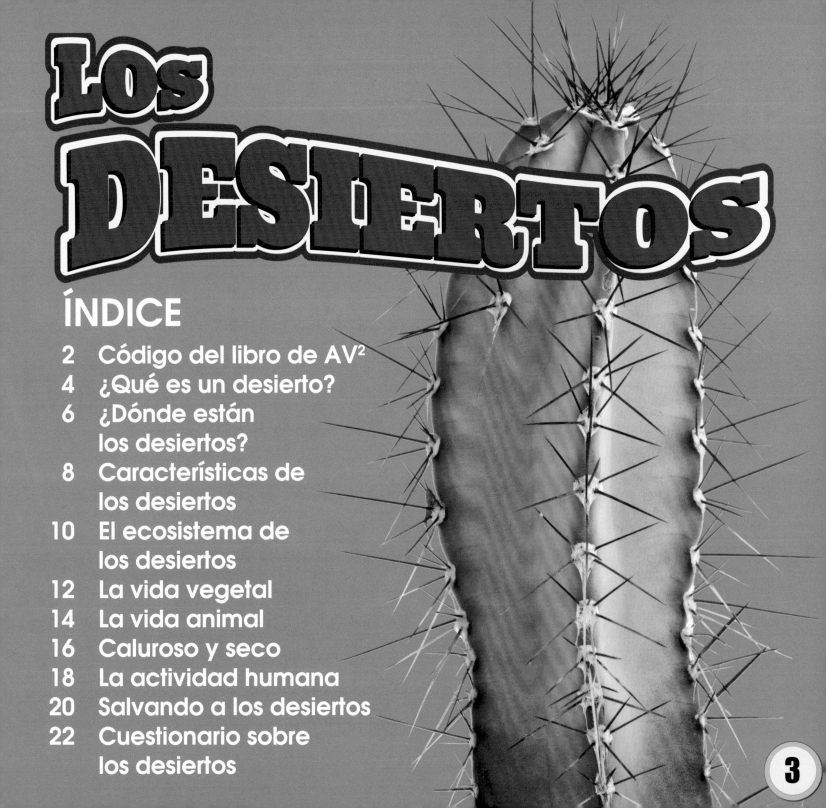

LOS DESIERTOS

ÍNDICE

Este es un desierto.
Un desierto es una gran
porción de tierra muy seca.

La mayoría de los desiertos se encuentran cerca del ecuador terrestre. Los desiertos casi siempre son muy calurosos o muy fríos.

El desierto más grande del mundo es el desierto del Sahara.

Algunos desiertos tienen montañas de arena llamadas dunas.

Otros, tienen grandes rocas o campos de hielo y nieve.

El lagarto cornudo necesita el calor del sol para calentar su cuerpo.

Los pájaros carpinteros del Gila suelen hacer sus casas en los cactus saguaros.

El escarabajo del desierto de Namibia junta agua de la niebla matinal para beber.

Las serpientes toro suelen vivir en agujeros hechos por otros animales.

El ecosistema del desierto es un lugar formado por animales y plantas que se necesitan mutuamente para vivir.

El murciélago magueyero menor come el néctar de la flor del cactus.

Las plantas son muy importantes en el ecosistema del desierto. Sirven de alimento y refugio para los animales que viven allí.

El cardón gigante es el cactus más grande del mundo.

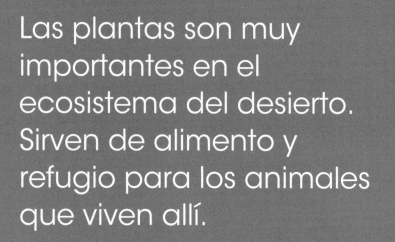

Las plantas rodadoras usan el viento para desparramar sus semillas.

El cactus saguaro puede contener 201 galones (761 litros) de agua.

La palmera abanico de California puede vivir hasta 90 años.

El árbol de Josué necesita a la polilla de la yuca para fabricar semillas.

Los camellos pueden estar en el desierto casi siete días sin tomar agua.

Las tortugas del desierto cavan pozos para juntar agua de lluvia para beber.

Los escorpiones pueden vivir con una sola comida al año.

En los desiertos viven muchos tipos de animales diferentes.

Los buitres de Turquía buscan y comen animales muertos.

Algunos jerbos tienen grandes orejas que los ayudan a mantenerse frescos.

Los desiertos son lugares que reciben menos de 10 pulgadas (25 centímetros) de lluvia, nieve y niebla por año.

En el Valle de la Muerte de California, se registró la temperatura más alta de la Tierra, de 134 grados Fahrenheit (56,7 grados Celsius).

La gente perfora pozos en los desiertos para buscar petróleo. Se han producido derrames accidentales de petróleo en la tierra.

Los derrames de petróleo en el desierto dañan a los animales y plantas que viven allí.

Algunas personas hacen travesías con vehículos todo-terreno por los desiertos. Esto daña a los animales y plantas.

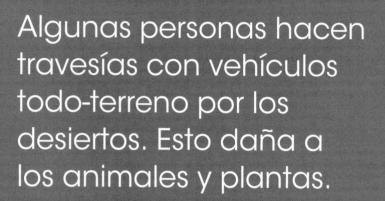

La gente debería conducir solo por las carreteras y senderos para proteger a los animales y plantas.

Cuestionario sobre los desiertos

Descubre qué has aprendido sobre los ecosistemas de los desiertos.

Encuentra estos animales y plantas del desierto en el libro. ¿Cómo se llaman?

23

¡Visita www.av2books.com para disfrutar de tu libro interactivo de inglés y español!

Check out www.av2books.com for your interactive English and Spanish ebook!

1 **Entra en www.av2books.com**
Go to www.av2books.com

2 **Ingresa tu código**
Enter book code

P 4 3 8 7 5 8

3 **¡Alimenta tu imaginación en línea!**
Fuel your imagination online!

www.av2books.com

Published by AV² by Weigl
350 5th Avenue, 59th Floor New York, NY 10118
Website: www.av2books.com

Library of Congress Control Number: 2015953879

ISBN 978-1-4896-4308-7 (hardcover)
ISBN 978-1-4896-4309-4 (single-user eBook)
ISBN 978-1-4896-4310-0 (multi-user eBook)

Printed in the United States of America in Brainerd, Minnesota
1 2 3 4 5 6 7 8 9 0 19 18 17 16 15

Project Coordinator: Jared Siemens
Spanish Editor: Translation Cloud LLC
Designer: Mandy Christiansen

112015
101515

Every reasonable effort has been made to trace ownership and to obtain permission to reprint copyright material. The publisher would be pleased to have any errors or omissions brought to its attention so that they may be corrected in subsequent printings.

The publisher acknowledges iStock and Getty Images as the primary image suppliers for this title.